Inhaltsverzeichnis

Was sind eigentlich Affirmationen und wie werden sie erfolgreich angewendet ?

Affirmationen sind stets positive und selbst bejahende Aussagen. Sie dienen dazu, unser Denken und Verhalten positiv zu beeinflussen. Sie können helfen, negative Denkmuster zu durchbrechen und das Selbstbewusstsein zu stärken.

Wie funktionieren Affirmationen?

Affirmationen wirken durch Wiederholung. Wir wiederholen die positiven Aussagen über unsere Wünsche und Ziele regelmäßig und können unser Gehirn so darauf trainieren, die positiven Gedanken zu verinnerlichen. Dies kann zu einer Verbesserung des Selbstwertgefühls und einer positiveren Lebenseinstellung führen.

Eigene Affirmationen

Wie klingen lauten Affirmationen?

Hier sind einige Beispiele für Affirmationen, die du immer
in deinen Alltag integrieren kannst:

"Ich bin stark und selbstbewusst."
"Ich verdiene Liebe und Respekt."
"Jeden Tag bin ich besser und besser."
"Ich bin dankbar für alles, was ich habe."
"Ich ziehe positive Energie an."
"Ich bin gesund."

Zum Beispiel mit den Worten: Ich bin............!" und deinem
Wunsch gleich dahinter ausgesprochen, als wäre
er schon Realität, gibst Du Dir und
Deinem Körper das Gefühl, hey ich bin glücklich,
mir geht es gut, ich habe mein Ziel und Wunsch erreicht !
Was ist mein nächstes Ziel, mein nächster Wunsch?
So stehen immer positive Gedanken im Vordergrund und
alles andere zieht an Dir vorbei.

Eigene Affirmationen

Welche Ausdrücke und Wörter sollte man in seiner Affirmation vermeiden?

Bei der Formulierung von Affirmationen ist es wichtig, negative Ausdrücke und Verneinungen zu vermeiden. Unser Unterbewusstsein kann Verneinungen oft nicht richtig verarbeiten, was dazu führen kann, dass die Affirmation ihre Wirkung verliert. Hier sind einige Tipps:

Vermeide Verneinungen: Statt "Ich bin nicht gestresst", sage "Ich bin ruhig und gelassen".
Vermeide negative Wörter: Statt "Ich habe keine Angst", sage "Ich bin mutig und stark".
Formuliere im Präsens: Statt "Ich werde erfolgreich sein", sage "Ich bin erfolgreich".

Eigene Affirmationen

Tipps zur Anwendung von Affirmationen

Wiederhole deine Affirmationen täglich, am besten
morgens und abends.
Schreibe deine Affirmationen auf und platziere sie an Orten,
die du häufig siehst oder halte sie in einem Buch fest,
z.B. Mein Tipp dafür auf der Rückseite dieses Buches.
Sprich deine Affirmationen immer laut und deutlich aus,
um die Wirkung zu verstärken.

Eigene Affirmationen

Fazit

Affirmationen sind ein kraftvolles und wirksames Werkzeug,
um positive Veränderungen in Deinem Leben zu bewirken.
Mit der richtigen Anwendung und auch regelmäßigen
Wiederholungen, kannst du Dein Denken und Dein Handeln
nachhaltig und positiv beeinflussen.

Auf den folgenden Seiten findest Du verschiedene Beispiele,
wie eine Affirmation zu den verschiedensten Themen und Lebenslage
lauten könnten.

Eigene Affirmationen

Geld

"Ich ziehe den Wohlstand und die Fülle täglich in mein Leben."
"Geld fließt mühelos und kontinuierlich zu mir."
"Ich verdiene es, finanziell erfolgreich und frei zu sein."
"Ich bin offen für neue finanzielle Möglichkeiten."
"Mein Einkommen wächst stetig."
"Ich bin finanziell frei und unabhängig."
"Ich habe immer genug Geld für meine Bedürfnisse."
"Ich bin ein Magnet für Wohlstand."
"Ich verwalte mein Geld mit Weisheit und Sorgfalt."
"Ich bin dankbar für den finanziellen Überfluss in meinem Leben."
"Ich ziehe finanzielle Chancen an."
"Ich bin erfolgreich in meinen finanziellen Unternehmungen."
"Geld kommt leicht und häufig zu mir."
"Ich bin finanziell gesegnet."
"Ich lebe in Fülle und Wohlstand."
"Ich verdiene es, reich zu sein."
"Ich bin finanziell sicher."
"Ich habe eine positive Einstellung zu Geld."
"Ich bin dankbar für den Wohlstand in meinem Leben."
"Ich ziehe finanzielle Fülle an."

Eigene Affirmationen

Erfolg

"Ich bin erfolgreich in allem, was ich tue."
"Jeder Tag bringt mir neue Chancen und Erfolge."
"Ich erreiche meine Ziele mit Leichtigkeit und Freude."
"Ich bin ein Gewinner."
"Ich bin stolz auf meine Erfolge."
"Ich bin motiviert und entschlossen."
"Ich habe die Kraft, alles zu erreichen, was ich mir vornehme."
"Ich bin ein Magnet für Erfolg."
"Ich bin selbstbewusst und stark."
"Ich bin dankbar für meine Erfolge."
"Ich ziehe den Erfolg in mein Leben."
"Ich bin bereit für neue Herausforderungen."
"Ich bin ein erfolgreicher Mensch."
"Ich habe die Fähigkeiten, erfolgreich zu sein."
"Ich bin fokussiert und zielorientiert."
"Ich bin erfolgreich in meinem Beruf."
"Ich bin ein Vorbild für Erfolg."
"Ich bin entschlossen, meine Ziele zu erreichen."
"Ich bin erfolgreich in meinen Bemühungen."
"Ich bin stolz auf meine Leistungen."

Eigene Affirmationen

Gesundheit

"Mein Körper ist stark und gesund."
"Ich strahle vor Gesundheit und Vitalität."
"Jeden Tag fühle ich mich besser und besser."
"Ich bin voller Energie und Lebenskraft."
"Ich achte auf meinen Körper und meine Gesundheit."
"Ich bin dankbar für meine Gesundheit."
"Ich ziehe Gesundheit und Wohlbefinden an."
"Ich bin gesund und fit."
"Ich habe ein starkes Immunsystem."
"Ich bin in perfekter Gesundheit."
"Ich sorge gut für meinen Körper."
"Ich bin voller Lebensfreude und Energie."
"Ich bin gesund und glücklich."
"Ich bin in Harmonie mit meinem Körper."
"Ich bin dankbar für meinen gesunden Körper."
"Ich bin voller Vitalität."
"Ich bin gesund und stark."
"Ich bin in bester Gesundheit."
"Ich bin voller Energie und Kraft."
"Ich bin gesund und wohlauf."

Eigene Affirmationen

Kinderwunsch

"Mein Körper ist bereit, neues Leben zu empfangen."
"Ich vertraue darauf, dass ich zur richtigen Zeit ein Kind bekommen werde."
"Ich bin geduldig und voller Hoffnung."
"Ich bin bereit für die Mutterschaft."
"Ich bin dankbar für die Möglichkeit, ein Kind zu bekommen."
"Ich ziehe Fruchtbarkeit und Gesundheit an."
"Ich bin voller Liebe und Vorfreude."
"Ich bin bereit, ein Kind zu empfangen."
"Ich bin geduldig und zuversichtlich."
"Ich vertraue auf den natürlichen Prozess des Lebens."
"Ich bin bereit für die Reise der Mutterschaft."
"Ich bin voller Hoffnung und Zuversicht."
"Ich bin bereit, ein neues Leben zu begrüßen."
"Ich bin dankbar für die Möglichkeit, Mutter zu werden."
"Ich bin voller Liebe und Geduld."
"Ich vertraue auf meinen Körper."
"Ich bin bereit für die Verantwortung der Mutterschaft."
"Ich bin voller Freude und Erwartung."
"Ich bin bereit, ein Kind zu empfangen."
"Ich bin dankbar für die Möglichkeit, ein neues Leben zu schaffen."

Eigene Affirmationen

Glück

"Ich bin dankbar für das Glück in meinem Leben."
"Ich ziehe positive Energie und Freude an."
"Mein Leben ist erfüllt von Glück und Zufriedenheit."
"Ich bin glücklich und dankbar."
"Ich bin ein Magnet für Glück und Freude."
"Ich bin voller Freude und Glück."
"Ich bin dankbar für die kleinen Freuden des Lebens."
"Ich ziehe Glück und Zufriedenheit an."
"Ich bin glücklich und zufrieden."
"Ich bin dankbar für das Glück in meinem Leben."
"Ich ziehe positive Energie an."
"Ich bin ein Magnet für Glück."
"Ich bin voller Freude und Zufriedenheit."
""Ich ziehe Glück und Freude an."
"Ich bin glücklich und zufrieden."

Eigene Affirmationen

Reichtum

"Ich lebe in Fülle und Wohlstand."
"Reichtum fließt in mein Leben auf vielfältige Weise."
"Ich bin ein Magnet für Reichtum und Erfolg."
"Ich ziehe Wohlstand und Fülle an."
"Ich bin finanziell frei und unabhängig."
"Ich bin dankbar für den Reichtum in meinem Leben."
"Ich ziehe finanzielle Chancen an."
"Ich bin erfolgreich und wohlhabend."
"Ich bin ein Magnet für Wohlstand."
"Ich bin finanziell gesegnet."
"Ich lebe in Fülle und Wohlstand."
"Ich verdiene es, reich zu sein."
"Ich bin finanziell sicher."
"Ich habe eine positive Einstellung zu Reichtum."
"Ich bin dankbar für den Wohlstand in meinem Leben."
"Ich ziehe Reichtum an."
"Ich bin finanziell erfolgreich."
"Ich bin ein Magnet für Reichtum."

Eigene Affirmationen

Energie

"Ich bin voller Energie und Lebenskraft."
"Jeder Tag bringt mir neue Energie und Vitalität."
"Ich fühle mich erfrischt und belebt."
"Meine Energie ist grenzenlos."
"Ich ziehe positive Energie an."
"Ich bin ein Energiebündel."
"Ich bin voller Tatendrang und Motivation."
"Meine Energie strahlt auf andere aus."
"Ich bin voller Lebensfreude und Energie."
"Ich habe die Kraft, alles zu erreichen, was ich mir vornehme."
"Ich bin ein Magnet für positive Energie."
"Ich bin voller Energie und Enthusiasmus."
"Ich bin dankbar für meine unerschöpfliche Energie."
"Ich bin voller Energie und Tatkraft."
"Ich bin energiegeladen und bereit für den Tag."
"Ich bin voller positiver Energie und Freude."
""Ich bin ein Energiebündel und strahle Vitalität aus."
"Ich bin voller Energie und Tatendrang."
"Ich bin voller Energie und bereit, die Welt zu erobern."

Eigene Affirmationen

Motivation

Ich bin voller Energie und Tatendrang.
Ich erreiche meine Ziele mit Leichtigkeit.
Jeder Tag bringt neue Chancen.
Ich bin stark und entschlossen.
Ich wachse mit jeder Herausforderung.
Ich bin stolz auf meine Fortschritte.
Ich bin fähig und kompetent.
Ich glaube an mich selbst.
Ich bin motiviert und fokussiert.
Ich überwinde alle Hindernisse.
Ich bin ein Gewinner.
Ich nutze jede Gelegenheit.
Ich bin bereit für Erfolg.
Ich bin ein Macher.
Ich bin voller positiver Energie.
Ich bin entschlossen und zielstrebig.
Ich bin bereit für neue Herausforderungen.
Ich bin ein Magnet für Erfolg.
Ich bin voller Tatendrang.
Ich bin bereit, Großes zu erreichen.

Eigene Affirmationen

Ehe

Meine Ehe ist stark und liebevoll.
Ich schätze meinen Partner jeden Tag.
Unsere Liebe wächst täglich.
Ich bin dankbar für meinen Ehepartner.
Wir kommunizieren offen und ehrlich.
Unsere Beziehung ist harmonisch.
Wir unterstützen uns gegenseitig.
Unsere Liebe ist bedingungslos.
Wir lösen Konflikte mit Respekt.
Unsere Ehe ist eine Quelle der Freude.
Wir teilen gemeinsame Ziele.
Unsere Liebe ist beständig.
Wir lachen viel zusammen.
Unsere Ehe ist voller Vertrauen.
Wir sind ein starkes Team.
Unsere Liebe ist tief und echt.
Wir respektieren unsere Unterschiede.
Unsere Ehe ist ein sicherer Hafen.
Wir sind füreinander da.
Unsere Liebe ist ewig.

Eigene Affirmationen

Partnerschaft

Meine Partnerschaft ist erfüllend.
Wir respektieren uns gegenseitig.
Unsere Beziehung ist stark.
Wir unterstützen uns in allem.
Unsere Liebe ist tief und echt.
Wir kommunizieren offen.
Unsere Beziehung ist harmonisch.
Wir teilen gemeinsame Träume.
Unsere Liebe wächst täglich.
Wir sind ein starkes Team.
Unsere Beziehung ist voller Freude.
Wir lösen Konflikte mit Respekt.
Unsere Liebe ist bedingungslos.
Wir lachen viel zusammen.
Unsere Beziehung ist beständig.
Wir respektieren unsere Unterschiede.
Unsere Partnerschaft ist ein sicherer Hafen.
Wir sind füreinander da.
Unsere Liebe ist ewig.
Wir sind glücklich zusammen.

Eigene Affirmationen

Unabhängigkeit

Ich bin stark und unabhängig.
Ich vertraue auf meine Fähigkeiten.
Ich bin selbstbewusst und mutig.
Ich treffe meine eigenen Entscheidungen.
Ich bin frei und unabhängig.
Ich bin mein eigener Chef.
Ich bin finanziell unabhängig.
Ich bin selbstständig und erfolgreich.
Ich bin stolz auf meine Unabhängigkeit.
Ich bin frei von äußeren Einflüssen.
Ich bin unabhängig und stark.
Ich bin frei, mein Leben zu gestalten.
Ich bin selbstbestimmt.
Ich bin unabhängig und glücklich.
Ich bin frei, meine Träume zu verfolgen.
Ich bin stark und selbstbewusst.
Ich bin unabhängig und erfolgreich.
Ich bin frei, mein eigenes Leben zu leben.
Ich bin frei und selbstbestimmt.

Eigene Affirmationen

Genesung

Mein Körper heilt sich selbst.
Ich bin auf dem Weg der Genesung.
Ich bin stark und gesund.
Ich vertraue auf meinen Heilungsprozess.
Ich bin voller Energie und Vitalität.
Ich bin gesund und stark.
Ich bin dankbar für meine Gesundheit.
Ich bin auf dem Weg zur vollständigen Genesung.
Ich bin gesund und glücklich.
Ich bin stark und widerstandsfähig.
Ich bin voller Lebensenergie.
Ich bin gesund und vital.
Ich bin auf dem Weg der Heilung.
Ich bin dankbar für meine Genesung.

Eigene Affirmationen

Gewichtsverlust/Diät

Ich erreiche mein Idealgewicht.
Ich bin stolz auf meine Fortschritte.
Ich ernähre mich gesund und ausgewogen.
Ich bin motiviert, mein Ziel zu erreichen.
Ich bin stark und diszipliniert.
Ich liebe meinen Körper.
Ich bin auf dem Weg zu meinem Idealgewicht.
Ich bin gesund und fit.
Ich bin stolz auf meine Erfolge.
Ich bin motiviert und fokussiert.
Ich erreiche mein Wunschgewicht.
Ich bin stark und entschlossen.

Eigene Affirmationen

Stressabbau

Ich bin ruhig und gelassen.
Ich lasse Stress los.
Ich bin entspannt und friedlich.
Ich finde Ruhe in mir selbst.
Ich bin stressfrei und glücklich.
Ich bin ruhig und ausgeglichen.
Ich lasse alle Anspannung los.
Ich bin entspannt und gelassen.
Ich finde Frieden in mir selbst.
Ich bin stressfrei und entspannt.

Eigene Affirmationen

Gelassenheit

Ich bin ruhig und gelassen.
Ich finde Frieden in mir selbst.
Ich bin entspannt und ausgeglichen.
Ich lasse alle Sorgen los.
Ich bin ruhig und friedlich.
Ich finde Ruhe in mir selbst.
Ich bin gelassen und entspannt.
Ich lasse alle Anspannung los.
Ich bin ruhig und ausgeglichen.

Eigene Affirmationen

Karma

Ich ziehe positive Energie an.
Ich sende Liebe und Freundlichkeit aus.
Ich ernte, was ich säe.
Ich bin ein guter Mensch.
Ich tue Gutes und Gutes kommt zu mir.
Ich bin dankbar für alles Gute in meinem Leben.
Ich sende positive Schwingungen aus.
Ich ziehe positive Menschen an.
Ich bin ein Magnet für gute Energie.
Ich tue Gutes und erhalte Gutes.
Ich bin ein positiver Einfluss.
Ich ziehe positive Erfahrungen an.
Ich sende Liebe und Licht aus.

43

Eigene Affirmationen

Glücklich sein

Ich bin glücklich und zufrieden.
Ich finde Freude in kleinen Dingen.
Ich bin dankbar für mein Leben.
Ich bin umgeben von Liebe und Glück.
Ich bin glücklich und erfüllt.
Ich finde Glück in jedem Moment.
Ich bin dankbar für alles Gute in meinem Leben.
Ich bin frei und unabhängig.
Ich lebe mein Leben nach meinen eigenen Regeln.
Ich bin frei, meine Träume zu verfolgen.
Ich bin unabhängig und stark.
Ich bin frei von allen Einschränkungen.
Ich bin frei, mein eigenes Leben zu gestalten.
Ich bin unabhängig und glücklich.
Ich bin frei, meine eigenen Entscheidungen zu treffen.
Ich bin stark und selbstbewusst.
Ich bin frei

Eigene Affirmationen

Selbstbewusstsein

Ich bin selbstbewusst und stark.
Ich vertraue auf meine Fähigkeiten.
Ich bin stolz auf mich.
Ich bin einzigartig und wertvoll.
Ich glaube an mich selbst.
Ich bin mutig und entschlossen.
Ich bin ein wertvoller Mensch.
Ich bin selbstsicher und stark.
Ich bin fähig und kompetent.
Ich bin stolz auf meine Stärken.
Ich bin selbstbewusst und mutig.
Ich vertraue auf meine Entscheidungen.
Ich bin stark und selbstsicher.
Ich bin stolz auf meine Fähigkeiten.
Ich bin selbstbewusst und entschlossen.
Ich bin stolz auf meine Einzigartigkeit.
Ich bin stark und selbstbewusst.
Ich bin stolz auf meine Erfolge.
Ich bin selbstsicher und mutig.

Eigene Affirmationen

Entzug

Ich bin stark und widerstandsfähig.
Ich überwinde jede Herausforderung.
Ich bin frei von Abhängigkeiten.
Ich bin stolz auf meine Fortschritte.
Ich bin stark und entschlossen.
Ich bin auf dem Weg zur Freiheit.
Ich bin stark und selbstbewusst.
Ich bin stolz auf meine Stärke.
Ich bin frei und unabhängig.
Ich bin stark und widerstandsfähig.

Eigene Affirmationen

Rauchfrei/Alkoholfrei

Ich bin frei von Nikotin.
Ich atme frei und tief.
Ich bin stolz auf meine Entscheidung.
Ich bin stark und entschlossen.
Ich bin gesund und rauchfrei.
Ich bin stolz auf meine Willenskraft.
Ich bin frei von Zigaretten.
Ich bin stark und selbstbewusst.
Ich bin stolz auf meine Gesundheit.
Ich bin frei und unabhängig.

Eigene Affirmationen

Schmerzfrei

Ich bin frei von Schmerzen.
Ich fühle mich wohl und gesund.
Ich bin stark und widerstandsfähig.
Ich bin voller Energie und Vitalität.
Ich bin gesund und schmerzfrei.
Ich bin stolz auf meine Gesundheit.
Ich bin stark und gesund.
Ich bin frei von Beschwerden.
Ich bin voller Lebensenergie.
Ich bin gesund und glücklich.
Ich bin stark und gesund.
Ich bin frei von Beschwerden.
Ich bin voller Lebensenergie.
Ich bin gesund und glücklich.

Eigene Affirmationen

Mehr aktiv sein

Ich bin aktiv und voller Energie.
Ich liebe Bewegung und Sport.
Ich bin stark und fit.
Ich genieße jede Aktivität.
Ich bin voller Lebensenergie.
Ich bin aktiv und gesund.
Ich bin stolz auf meine Fitness.
Ich bin stark und aktiv.
Ich liebe es, mich zu bewegen.
Ich bin voller Energie und Tatendrang.
Ich bin aktiv und fit.
Ich genieße jede Bewegung.
Ich bin stark und gesund.

Ich bin aktiv und vital.

Eigene Affirmationen

Zukunftsangst

Ich vertraue darauf, dass alles gut wird.
Ich bin stark und kann jede Herausforderung meistern.
Ich bin offen für neue Möglichkeiten.
Ich bin in der Lage, meine Zukunft zu gestalten.
Ich lasse meine Ängste los und konzentriere mich auf das Positive.
Ich bin dankbar für das, was ich habe.
Ich bin bereit, Veränderungen anzunehmen.
Ich glaube an meine Fähigkeiten.
Ich bin umgeben von Unterstützung und Liebe.
Ich bin mutig und entschlossen.
Ich vertraue dem Prozess des Lebens.
Ich bin in Frieden mit meiner Vergangenheit und freue mich auf die Zukunft.
Ich bin flexibel und anpassungsfähig.
Ich bin voller Energie und Lebensfreude.
Ich bin bereit, neue Wege zu gehen.
Ich bin sicher und geborgen.
Ich bin stolz auf das, was ich erreicht habe.
Ich bin optimistisch und zuversichtlich.
Ich bin fähig, meine Träume zu verwirklichen.
Ich bin dankbar für jeden neuen Tag.